5000 P.

MÁS USADAS EN

INGLÉS

Efraín Galeano
Edited by Polly Johnson

Contenido

"Never give up. You can do it." -Sam JK

–

Prólogo

¿Quieres hablar fluido y entender inglés de una vez por todas? Pues has encontrado la guía definitiva en inglés para entenderlo y hablarlo naturalmente. Contiene una guía práctica de todo lo que necesitas saber para poder comprender y hablar este hermoso idioma y lo mejor: de una manera sencilla y en menos de 5 meses. Este libro es recomendado para cualquier nivel ya sean principiantes o avanzados; ya que contiene la guía definitiva de este lenguaje. Ya que está comprobado que es el mejor método que existe hoy por hoy.

Todo viene explicado de una manera sencilla y didáctica que te será fácilmente asimilable. En esta guía aprenderás desde lo básico hasta lo avanzado. También incluye las frases en inglés más importantes que realmente los nativos utilizan. No encontrarás otra recopilación en ninguna parte más completa de frases reales que utilizamos los nativos (1era parte).

Introducción

Desde que tengo uso de razón siempre suelo escuchar esta típica pregunta ya sea de mis alumnos o de personas en general; ¿Por qué aprender inglés? Y la respuesta es más que obvia. El idioma inglés se ha convertido en el lenguaje más hablado en el planeta y no hay ninguno; hoy por hoy que le iguale. Por lo tanto, en el mundo globalizado en el que vivimos el que no aprende inglés está a un nivel abajo en oportunidades laborales.

Los dos dialectos más conocidos vigentes del inglés hoy por hoy son; el británico y el americano. Siendo enseñados en la mayoría de las universidades del planeta y por diferentes escuelas por muchas razones. Los motivos por el cual aprender este importante idioma suelen ser variados y aquí te enlisto algunos de ellos:

- **Trabajar**: En la época en la que nos encontramos si logramos dominar este idioma tendremos muchísimas más oportunidades al momento de encontrar trabajo. Así como tener paso a una mejor educación y por ende a un mejor puesto laboral.

- **Información**: Poder acceder a información científica o noticias al momento alrededor del mundo y no limitarnos a lo que nos digan las universidades o medios de comunicación. De acuerdo con un estudio de la agencia Bingher el 60% de todos los sitios de internet están en el idioma inglés.

- **Viajar**: Te brinda la posibilidad de poder viajar e irte de vacaciones a cualquier rincón del planeta, conocer culturas muy diferentes y hacerte entender, evitando los momentos bochornosos que conlleva la barrera del idioma.

- **Una meta personal de superación**: Dominarlo no es tan difícil como la mayoría cree, si sigues la guía correcta lo podrás lograr y una vez que lo hayas hecho el sentimiento de logro es algo increíble. No olvides que todo proceso lleva un primer paso. Una vez que hayas realizado eso con el inglés pasa lo mismo como en todas las cosas que se hacen bien: lo demás viene rápido.

Sin más que decir, te dejo con la guía definitiva para aprender de una vez por todas el inglés de una manera sencilla y a tu ritmo.

Capítulo 1: Saludos y expresiones

ESPAÑOL	INGLÉS
Buenos días	Good morning
Buenas tardes	Good afternoon
Buenas noches	Good evening
¡Hasta pronto!	See you soon!
¡Hasta mañana!	See you/Until tomorrow!
¡Hasta la próxima!	Until next time!
¡Qué pases un lindo día!	Have a nice day!
¡Adiós!	Good-bye / Bye/ Bye-Bye
¿Cómo te va?	How are you doing?
Estoy bien, gracias	I am well (fine), thank you
Perfectamente, gracias	Quite well, thank you
¿Qué haces? ¿A qué te dedicas?	What do you do?
¡Felicitaciones!	Congratulations!
¿Puedo presentarme?	May I introduce myself?
¿Cómo está tu familia?	How's your family?
¿Qué sucede?	What's the matter?
Estoy a tu disposición.	I'm at your disposal.
Gracias, De nada	Thank you, You're welcome
Lo siento	I'm sorry
¿En serio?	Really? Indeed?
¡Por supuesto!	Of course!
Seguro	Sure
¡Qué lástima!	That's too bad / What a pity!
¡Qué estupidez!	What a nonsense!
Tienes razón	You're right
Estás equivocado	You are wrong
Creo que sí	I guess so
¿Tu familia está bien?	Is your family well?
Es posible	It's possible
Estuviste mal	You acted very wrongly
¡Qué vergüenza!	How embarrasing!
¡Qué fastidio!	How annoying!
Siento molestarte	Sorry to trouble you
Señor Zack	Mr. Zack
Señora Elena	Mrs. Elena
Señorita Stefany	Miss Stefany
Señorita Bilda	Ms. Bilda

Explicación adicional

(Mr.) se usa para hombres (casados o solteros) y **(Mrs.)** para mujeres casadas. **(Miss)** se usa con el apellido o con el nombre y el apellido: Miss Elena o Miss Bilda pero nunca se usa con el nombre propio únicamente: Llegó la señorita Elena. Miss Bilda has arrived. Por su parte, Ms. se usa sólo para mujeres cuando no se conoce su estado civil.

(Good night) se utiliza como fórmula de despedida. Si se quiere decir buenas noches, se dice **(good evening)**: Buenas noches, hermanos míos. **Good evening, my Brothers** (aunque sean las 23:00 hs.).

(How do you do) (Encantado, Mucho gusto) se utiliza para presentaciones formales y al responder se repite la fórmula, ¿mientras que **How are you**? (¿Cómo estás?) se emplea para situaciones informales y se responde con **Fine, Very well, Great, Not so well,** etc.

(En inglés, puedes expresar el apellido de la familia de dos modos:
Pluralizando el apellido (the Smiths). Por el contrario, en castellano se pluraliza el artículo y no el apellido.

Capítulo 2: Significado y Pronunciación
Números en inglés

NÚMEROS CARDINALES	CARDINAL NUMBERS	NÚMEROS ORDINALES	ORDINAL NUMBERS
1	one	1st	first
2	Two	2nd	second
3	three	3rd	third
4	four	4th	fourth
5	five	5th	fifth
6	six	6th	sixth
7	seven	7th	seventh
8	eight	8th	eighth
9	nine	9th	ninth
10	ten	10th	tenth
20	twenty	20th	twentieth
50	fifty	50th	fiftieth
80	eighty	80th	eightieth
100	a/one hundred	100th	hundredth

Colores en inglés

ESPAÑOL	INGLÉS	PRONUNCIACIÓN
color	color	kó·lor
rojo/a	red	red
rojo escarlata	scarlet	skár·let
anaranjado/a	orange	ór·eindch
amarillo, amarilla	yellow	iél·ou
dorado	golden	gól·den
verde	green	grín
verde oscuro	dark green	dárk grín
verde limón	lemon-green	lé·mon·grín
azul	blue	blú
azul marino	navy blue	néi·vi blú
azul pizarra	slate blue	sléit blú
azul francia	royal blue	rói·al blú
azul celeste	sky blue	skái blú
turquesa	turquoise	tér·kuois
rosado/a	pink	pínk
fucsia	fuchsia, hot pink	fiú·sha, ját pink
blanco/a	white	uáit
negro/a	black	blák

ESPAÑOL	INGLÉS	PRONUNCIACIÓN
plata, plateado	silver	sílver
marrón	brown	bráun
madera	burlywood	bérli·ud
gris	gray	gréi
oscuro, oscura	dark	dák
pálido/a	pale	péil

Pronóstico del clima

ESPAÑOL	INGLÉS	PRONUNCIACIÓN
primavera, verano, otoño, invierno	spring, summer, fall, winter	spríng, sám·ar, fól, win·ter
pronóstico del tiempo	weather forecast	ué·der fór·kast
soleado (mayormente)	(mostly) sunny	(móust·li) sán·i
nublado(parcialmente)	(partly) cloudy	(párt·li) kláud·i
cielo despejado	cloudless sky	kláud·less skái
estrellas	stars	stars
vientos variables	variable winds	vér·i·a·bl uínds
lluvia, lluvioso, lloviendo	rain, rainy, raining	réin, réin·i, réin·in
relámpago, rayo	lightning	láit·nín
neblina	mist	míst
aguanieve	sleet	slít
brisa cálida	warm breeze	uórm bris
frío intenso	freezing cold	frís·in kóuld
temperatura	temperature	tém·pre·cher
probabilidad de...	chance of...	chens ov
máxima, mínima	high, low	jái, lóu

Familia y parentescos

ESPAÑOL	INGLÉS	PRONUNCIACIÓN
padre, papá	father, dad, daddy	fá·der, dad, dá·dy
madre, mamá, mamita	mother, mom, mommy	má·der, mam, má·mi
padres	parents	pár·ents
hermano	brother	bró·der
hermana	sister	sís·ter
hijo	son	san
hija	daughter	dór·ter
hijos	children	chil·dren
esposo	husband	hus·ben
esposa, esposas	wife, wives	uáif, uáivs
abuelo	grandfather	grán·dáder
abuelito	grandpa	grand·pá

abuela	grandmother	gránd·má·der
abuelita	grandma	gránd·ma
abuelos	grandparents	gránd·pár·ents
bisabuelo	great grandfather	réit gránd·fáder
bisabuela	great grandmother	réit gránd·máder
nieto	grandson	gránd·son
nieta	granddaughter	gránd·dór·ter
tío	uncle	án·kl
tía	aunt	ant
sobrino	nephew	néfiu
sobrina	niece	nís
primo, prima	cousin	kós·in
suegro	father-in-law	fá·der-in-ló
suegra	mother-in-law	má·der-in-ló
cuñado	brother-in-law	bró·der-in-ló
cuñada	sister-in-law	sís·ter-in-ló
yerno	son-in-law	son-in-ló
nuera	daughter-in-law	dór·ter-in-ló
padrino	godfather	god·fá·der
madrina	godmother	god·má·der
ahijado	godson	gód·son
ahijada	goddaughter	god·dór·ter
padrastrp	stepfather	stép·fá·der
madrastra	stepmother	stép·má·der
hijastro	stepson	stép·son
hijastra	stepdaughter	stép-dór·ter

Personalidad y carácter

ESPAÑOL	INGLÉS	PRONUNCIACIÓN
alegre	light-hearted	láit-járt·ed
amable, bondadoso	kind	káind
ambicioso	ambitious	am·bísh·os
antipático	unpleasant	an·plés·ant
apasionado	passionate	pásh·o·net
arrogante	arrogant, boastful	ár·ro·gant, bóust·ful
calma	calm	cálm
cobarde	coward	káu·ard
competitivo	competitive	kom·pé·ti·tiv
considerado	considerate	kon·sí·der·et
cortés	polite	pol·áit
cruel	ruthless	rúz·les

distraído	absent-minded	áb·sent máin·ded
enérgico	energetic	en·er·yét·ic
extrovertido	outgoing, extrovert	áut·gó·uing, éks·tro·vért
fanfarrón	boastful	bóust·ful
fiel	faithful	féiz·ful
franco	frank	fránk
generoso	generous	yén·er·os
hipócrita	hypocrite	jíp·o·krit
humilde	humble	jám·bl

Partes del cuerpo humano

ESPAÑOL	INGLÉS	PRONUNCIACIÓN
cabeza	head	jéd
cerebro	brain	bréin
cráneo	skull	skál
cara	face	féis
ojos	eyes	áis
orejas	ears	íars
nariz	nose	nóus
boca	mouth	máuz
labios	lips	lips
lengua	tongue	tóng
dientes	teeth	tíz
mejillas	cheeks	chíks
mandíbula	jaw	yó
cabello	hair	jér
barba	beard	bírd
bigote	moustache	mos·tásh
nuca	neck	neck
garganta	throat	zróut
pecho	chest	chest
corazón	heart	jart
sangre	blood	blád
vena	vein	véin
pulmones	lungs	lángs
espalda	back	bak
vientre	abdomen	áb·do·men
barriga	belly	béli
intestinos	bowels, intestines	báuls, in·tést·ins
hígado	liver	lív·er
brazos	arms	áms

mano	hand	jand
piernas	legs	legs
pie	foot	fut
dedos del pie	toes	tóus
uñas	nails	néils
carne	flesh	flésh
huesos	bones	bóuns
músculos	muscles	másls
organos	organs	ór·gans

En el médico

ESPAÑOL	INGLÉS	PRONUNCIACIÓN
doler	to hurt	tu jért
dolor de cabeza	headache	jéd·eik
dolor de espalda	backache	bák·eik
dolor de estómago	stomachache	stóm·ak·éik
dolor de garganta	a sore throat	a só zróut
dolor de oído	earache	íar·éik
en el médico	at the doctor's office	at de doc·tors of·is
enfermera	nurse	nérs
enfermo	ill, sick	Íl, sék
herida	wound, injury	únd, ín·yer·i

Problemas de salud

ESPAÑOL	INGLÉS	PRONUNCIACIÓN
alergia	allergy	ál·er·yi
anemia	anemia	a·ní·mi·a
asma	asthma	áz·ma
ataque cardíaco	heart attack	járt a·ták
chichón	bump	bamp
corte	cut	cat
depresión	depression	di·présh·on
diarrea	diarrhea	dai·e·ría
dolor de cabeza	headache	jéd·éik
estreñimiento	constipation	kon·sti·péi·shn
estrés	stress	strés
fiebre	fever	fív·er
fractura	fracture	frák·cher
gripe	the flu	de flú
hemorragia	hemorrhage	jém·or·réish

ESPAÑOL	INGLÉS	PRONUNCIACIÓN
hinchazón	swelling	sué·ling
hipo	hiccups	jík·aps
infección	infection	in·fék·shn
inflamación	inflammation	in·fla·méi·shn
insomnio	insomnia	in·sóm·ni·a
lepra	leprosy	lép·ro·si
leucemia	leukemia	lu·kí·mi·na
moretón	bruise	brús
paperas	mumps	mámps
ESPAÑOL	**INGLÉS**	**PRONUNCIACIÓN**
picazón	itch	ítch
piel reseca	dry skin	drái skín
quemadura	burn	bérn
quemadura de sol	sunburn	sán·bérn
rasguño	scratch	skrach
resfrío	cold	kóuld
tos (fuerte)	(bad) cough	(bad) kóf
úlcera	ulcer	ól·cer

Ropa

ESPAÑOL	INGLÉS	PRONUNCIACIÓN
abrigo	coat, overcoat	(óv·er) kóut
botas	boots	búts
bufanda	scarf	skárf
calzoncillos	underpants, briefs	án·der·pants, brífs
camisa	shirt	shert
camiseta	undershirt	án·der·shert
chaleco	vest	vest
cinturón	belt	belt
gabardina	trench coat	trench kóut
guantes	gloves	glávs
gorra	cap	kap
impermeable	raincoat	réin·kóut
pantalón	pants	pants
pantalón corto	shorts	shorts
pantalón vaquero	jeans	yíns
pantuflas	slippers	slíp·ers
pijama	pajamas	pa·yá·mas

Nombres de empleos y trabajos

ESPAÑOL	INGLÉS	PRONUNCIACIÓN
almacenero	grocer	gró·ser
carnicero	butcher	búch·er
carpintero	carpenter	kár·pen·ter
cartero	postman	póust·man
cocinero	chef, cook	shef, cúk
conductor, chofer	driver, motorist	drái·ver, mó·tor·ist
constructor	builder	bíld·er
contador	accountant	a·káunt·ant
economista	economist	e·kón·o·mist
electricista	electrician	e·lék·trísh·an
niñera	babysitter	béi·bi·sít·er
panadero	baker	béi·ker
paseador de perro	dog walker	dog uók·er
pediatra	pediatrician	pid·i·a·trísh·an
peluquero	hairdresser	jéar·drés·er
pescador	fisherman	físh·er·man
pintor de casa	house painter	jáus·péint·er
programador	programmer	pro·grám·er
psicólogo	psychologist	sai·kól·o·yist
recepcionista	receptionist	re·sép·sho·nist
reportero	reporter	re·pórt·er
sastre	tailor	téi·lor
soldado	soldier	sóldier
telefonista	operator	óp·er·ei·tror
traductor	translator	trans·léi·tor

Áreas de empresas

Estas palabras te ayudarán a reconocer los distintos cargos dentro de una empresa.

ESPAÑOL	INGLÉS	PRONUNCIACIÓN
accionista	shareholder	shéar·jold·er
área, departamento, sector	area, department, sector	ér·e·a, di·párt·ment, séct·or
director ejecutivo	chief executive	chif e·xéc·u·tiv
directorio - comité directivo	board of directors	bord ov di·réc·tors
dotación de personal	workforce	uérk·fors
finanza	finance	fai·náns
gerente general	managing director	mán·a·ying di·réc·tor
producción	production	pro·dák·shn
recursos humanos,	human resources,	jiú·man ri·sér·cis, per·son·él

personal	personnel	
relaciones públicas	public relations	páb·lic re·léi·shns
secretario/a corporativo/a	corporate secretary	cór·por·eit séc·re·tá·ri

Donde quieras que vayas, te recomiendo que estés siempre al pendiente de las palabras que ves, de esta manera podrás aprender inglés un poco más rápido.

Tiendas y departamentos

ESPAÑOL	INGLÉS	PRONUNCIACIÓN
ascensor	elevator	él·e·vei·tor
caja, cajero	cash desk, cashier	kash desk, kásh·íer
empleado, vendedor	shop assistant	shop a·sís·tant
encargado de sección	head of the department	jed ov de di·párt·ment
escaleras	stairs	stéars
escalera mecánica	escalator	és·ka·lei·tr
estanterías	shelves	shélvs
mostrador	counter	káun·ter

Aplicando al trabajo

Estas palabras se utilizan a la hora de buscar empleo de manera presencial o de manera digital. Es importante aprender bien cada palabra porque será útil cada día.

ESPAÑOL	INGLÉS	PRONUNCIACIÓN
ascenso	promotion	pro·mó·shun
capacidad de organización ascenso	organizational skills	or·gan·i·séi·sho·nal skils
carrera	career	ka·ríer
consultor (cazatalentos)	headhunter	jed·jánt·er
contratar	hire	jáiar
entrenamiento	training	tréin·in
entrevistado	interviewee	int·er·viuí
espíritu de equipo	team spirit	tim spír·it
experiencia	experience	eks·pír·i·ans
página de empleos	appointments page	a·póint·ments péish
postulante	applicant	áp·li·cant
postularse para	apply for	a·plái for
preseleccionado	shortlisted	short·líst·ed
puesto de trabajo	job, position	jób, po·sísh·un
reclutar personal	recruit	re·crút
referencia	reference	réf·er·ens

trabajo en equipo	teamwork	tím·uérk

- Recuerda: Practicar estas palabras con su pronunciación diariamente para aprender un inglés fluido.

Algunas frases a la hora de buscar empleo o dar una entrevista.

1. Presiento que puedo ser el candidato ideal porque...
   I feel I could be the right candidate because...
2. Actualment soy responsable de...
   I'm presently responsible for...
3. Tuve un entrenamiento de tres meses en...
   I've had a three-month training period in...
4. No tengo inconvenientes en ser trasladado a...
   I've no problem being transferred to...
5. Pienso que este es un puesto más desafiante...
   I think this is a more challenging position...

Casas de cambio y bancos

Estas palabras sirven para ir al banco y cambiar algún cheque que te den en el trabajo. Es importante practicar la pronunciación diariamente para ir acoplándose al lenguaje.

ESPAÑOL	INGLÉS	PRONUNCIACIÓN
billete	bank note	bank nóut
boleta de depósito	deposit slip	de·pós·it slíp
caja de ahorros	savings account	séiv·ins a·káunt
cajero	cashier	kash·íer
cambio chico	small change	smól chéinsh
carta de crédito	letter of credit	lét·er ov kréd·it
cédula de identidad	identity card	ai·dént·i·ti kard
cheque de turismo	tourist check	túr·ist chek
cheque de viajero	traveler's check	tráv·e·lers chek
cheque rechazado	bounced check	báuns·ed chek
cuenta corriente	current account	kár·rent a·káunt
pagar, cobrar	to pay, to cash	tu péi, tu kash
pago, depósito	payment, deposit	péi·ment, de·pós·it
pasaporte	passport	pás·port
ventanilla	window	uín·dou
ventanilla de cambio de moneda	money changing window	máni chéin·yin uín·dou
ventanilla de transferencia	foreign transfer window	fór·in tráns·fer uín·dou

Teléfonos y llamadas

ESPAÑOL	INGLÉS	PRONUNCIACIÓN
cabina telefónica	(tele) phone box (tele) phone booth	(téli) fóun box (téili) fóun buz
código de área	area code	ér·e·a kóud
discar	to dial	tu dái·al
ficha, cospel	token	tó·ken
guía de teléfonos	(tele) phone book (tele) phone directory	(téli) fóun buk (téili) fóun di·rék·tori
interno	extension	ex·tén·shn
operador, operadora	operator	óp·er·ei·tor
tarjeta telefónica	phone card	fóun kard
teléfono público (con monedas, con tarjetas)	public payphone (coin-operated)	<public> péi·foun

Te coloco varios ejemplo para que te guíes:

1. ¿Cuál es el número de información?
   Could you tell me the telephone number for inquiries?
2. Quiero hacer una llamada por cobrar.
   I want to make a collect call.
3. Lo siento, número equivocado.
   Sorry, wrong number.
4. ¿Qué número tengo que discar?
   What number should I dial?
5. Mi número de teléfono es...
   My telephone number is...
6. Una ficha, por favor.
   A token, please.
7. ¿Puedo usar este teléfono?
   May I use this telephone?
8. ¿Con quién hablo?
   With whom am I speaking?

Llamadas telefónicas

ESPAÑOL	INGLÉS	PRONUNCIACIÓN
llamada telefónica	telephone call	tél·e·foun kol
levantar el tubo	pick up the receiver	pik áp de ri·sí·ver
discar un número de teléfono	dial a telephone number	dáial a tél·e·foun nám·ber
el teléfono suena	the telephone rings	de tél·e·foun rings

él/ella responde	he/she answers	he/she an·swers

Ciudad y alrededor

ESPAÑOL	INGLÉS	PRONUNCIACIÓN
árbol	tree	trí
autobús, ómnibus	bus	bas
avenida	avenue	áv·e·nu
barrio, centro	district, downtown	dís·trikt, dáun·táun
bicicleta	bike, bicycle	báik, báik·sik·l
calle	street	strít
calle lateral, bocacalle	side street	sáid strít
callejón	lane, alleyway	léin, ál·i·uéi
casa, edificio	house, building	jáus, bíld·in
cine	movie	mú·vi
circo, feria, disco	circus, fair, disco	cír·kus, féar, dís·kou
comisaría	police station	po·lís sté·shin
estación de subterráneo	subway station	<subway> sté·shin
farmacia	drugstore	drág·stor
fuente, lago, cascada	fountain, lake, waterfall	fáun·tin, léik, water·fól
hospital	hospital	jós·pit·al
jardín	garden	gár·den
lavandería automática	laundromat	lón·dro·mat
mercado, supermercado	market, supermarket	márk·et, sú·per·már·ket
municipalidad, consulado	town hall, consulate	táun jol, kón·su·let
oficina de correos	post office	post óf·is
parada de autobús	bus stop	bás stop
pasaje	passage	pás·idch
paseo costanera	beach walk	beech walk
peatón	pedestrian	pe·dés·tr·i·an
peluquería de hombres	barber shop	bár·ber shop
peluquería de señoras	hair salon	héar <salon>
plaza, parque	square, park	skuéar, park
quiosco de revistas	newsstand	nus·stánd
shopping	shopping center, mall	shóp·pin sén·ter, mól
tienda, grandes tienda	shop, department store	shop, di·párt·ment stór
torre de departamentos	tower block, high rise	táu·er blók, jái ráis

En la carretera

ESPAÑOL	INGLÉS	PRONUNCIACIÓN
Autovía, Ruta	Highway	já·iuéi

Autopista	Freeway	frí·uéi
Cruce Cierva	Deer Crossing	deer krós·in
Cruce	Crossing	krós·in
Precaución	Caution	kó·shn
En Construcción, Obras	Roadwork Ahead	róud·uérk a·jéd
Carretera Secundaria	Secondary Road	sek·ón·dar·i róud

Carteles y anuncios

ESPAÑOL	INGLÉS	PRONUNCIACIÓN
PROHIBIDO FUMAR	NON-SMOKING AREA, NO SMOKING ALLOWED	nan-smó·kin ér·e·a, nó smó·kin a·láud
PROHIBIDA LA ENTRADA	NO ENTRY	nó ént·ri
ATENCIÓN	LOOK OUT	luk·áut
PRECIO FIJO	FIXED PRICE	fíkst práis
EN ALQUILER	FOR RENT	for rent
PROHIBIDO BAÑARSE	NO SWIMMING	nó suím·in
EMPUJE, TIRE (puertas)	PUSH, PULL (doors)	push, pul (dors)
SE HABLA ESPAÑOL	SPANISH SPOKEN HERE	Spán·ish spóu·kn jír
NO HAY VACANTES	NO VACANCIES	nóu vá·kan·sis

*Recuerda: Estar atento a los anuncios en cualquier lugar.

En el avión

ESPAÑOL	INGLÉS	PRONUNCIACIÓN
alas	wings	uíngs
azafata	stewardess	stú·a·r·des
butacas	seats	síts
chaleco salvavidas	life jacket	láif yák·et
motores	engines	én·yins
piloto	pilot	pái·lot
vuelo charter	charter flight	chár·ter fláit
servicios	restrooms	rest·rooms

Geografía

ESPAÑOL	INGLÉS	PRONUNCIACIÓN
acantilado	cliff	klíf
arroyo	brook	brúk
bosque	wood	úd

cañón	canyon	kán·ion
catarata	waterfall	uó·ter·fól
cordillera	mountain range	máun·tein réinsh
costa	coast	kóust
desembocadura de un río	river mouth	rí·ver máuz
desierto	desert	dés·ert
embalse	reservoir	res·er·vuár
estrecho	strait	stréit
glaciar	glacier	gléi·shier
isla	island	ái·land
lago	lake	leík
mar	sea	sí
montaña	mountain	máun·tein
océano	ocean	ous·han
río	river	rí·ver
selva	forest	fór·est
senda,sendero	footpath, lane	fút·paz, léin

Jardinería

Si trabajas en la jardinería, estas palabras te servirán para aprender inglés un poco más rápido.

ESPAÑOL	INGLÉS	PRONUNCIACIÓN
abeto	fir tree	fér trí
arce	maple tree	méi·pl tri
cactus	cactus	kác·tos
cedro	cedar tree	sí·dar tri
corteza	bark	bark
enredadera	creeper, climbing plant	krí·per
haya	beech tree	bich trí
maleza	weed	uíd
nogal	walnut tree	uól·nat trí
olmo	elm tree	élm tri
palmera	palm tree	pálm trí
pino	pine tree	páin tri
plátano	banana tree	be·ná·na trí
raíces	roots	ruts
rama, ramas	branch, branches	branch, brán·chis
ramita	twig	tuíg
roble	oak tree	óuk tri
sauce	willow tree	uíl·ou trí
tronco	trunk	tránk

Partes de la casa

ESPAÑOL	INGLÉS	PRONUNCIACIÓN
ático	attic	át·ic
balcón	balcony	bál·ko·ni
balcón terraza	deck	dék
baño	bathroom	báz·rum
césped	lawn	lóun
chimenea	chimney	chím·ni
cocina	kitchen	kích·en
comedor	dining room	dáin·ing rúm
despensa	pantry	pán·tri
dormitorio	bedroom	béd·rum
entrada de auto	driveway	dráiv·uéi
escalera	staircase	stér·kéis
garaje	garage	ga·rádch

jardín	garden	gár·den
patio de atrás	back yard	bák iárd
patio del frente	front yard	frónt iárd
piscina	pool	púl
piso	floor	flór
puerta	door	dór
sala	living room	lív·ing rúm
sótano	basement	béis·ment
techo	roof	rúf
ventana	window	uín·dou

Ir a dormir

ESPAÑOL	INGLÉS	PRONUNCIACIÓN
almohada	pillow	píl·ou
armario	closet	cló·set
cama	bed	béd
cama matrimonial	double bed	dá·bl béd
colcha	bedspread	béd spréd
colchón de resortes	spring mattress	spríng méit·res
despertador	alarm clock	a·lárm clók
dormitorio	bedroom	béd·rum
mesita de noche	night table	náit téi·bl
sábanas	sheets	shíts
ventana corrediza	sliding window	slái·din uín·dou

Comedor

ESPAÑOL	INGLÉS	PRONUNCIACIÓN
azucarera	sugar bowl	shú·gar bóul
bandeja	tray	tréi
cafetera	coffee pot	kó·fi pot
cubiertos	silverware	síl·ver uér
cuchara	spoon	spún
cuchillo	knife	náif
ensaladera	salad bowl	sál·ad bóul
jarro	jug	iág
mantel	tablecloth	téi·bl cloz
mesa	table	téi·bl
plato	plate	pléit
servilleta	napkin	náp·kin
silla	chair	chér

taza	cup	káp
tenedor	fork	fórk
vaso	glass	glás
vela	candle	kán·dl

Utensilios de cocina

Este tema es importante para las personas que quieran cocinar o simplemente estén buscando trabajos en este ramo.

ESPAÑOL	INGLÉS	PRONUNCIACIÓN
abrelatas	can opener	kán óup·en·er
batidor de alambre	whisk	juísk
cacerola, olla, sartene (genérico)	pan	pan
cazuela	casserole	kás·er·ol
cortador de queso	cheese cutter	chís kát·er
cuchara	spoon	spún
cucharas de té	teaspoons	ti·spúns
cuchillo	knives	náivs
eliminador eléctrico de desperdicios	garbage disposal	<garbage disposal>
embudo	funnel	fán·el
encendedor eléctrico	electric lighter	e·lék·trik lái·ter
exprimidor	squeezer	skuíz·er
guantes para horno	oven mitts	ó·ven mits
molde para horno	baking tin	béik·in tin
olla a presión	pressure cooker	prés·sher kúk·er
palo de amasar	rolling pin	ról·lin pin
pelapapas	potato peeler	po·téi·tou píl·ler
picador, picadora	mincer	méns·er
receta	recipe	rés·i·pi
salero	salt shaker	sólt shéik·er
sartén	frying pan	frá·ing pan
tenedores	forks	fórks
tetera	tea kettle	tea két·l
vajilla para horno	ovenproof ware	óven·pruf uéar
vaporera	steamer	stím·er

Alimentos

ESPAÑOL	INGLÉS	PRONUNCIACIÓN
aceite	oil	óil
albóndiga	meatball	mít-bol
almíbar	syrup	sí·rep
azúcar	sugar	shú·gar
café	coffee	kó·fi
ensalada	salad	sá·lad
especias	spices	spái·sis
fideos	spaghetti	spa·gué·ti
galletas	cookies	kú·kis
hamburguesa	hamburger	jám·bur·guer
helado	ice cream	áis krím
huevos revueltos	scrambled eggs	skrám·blt eggs
jalea	jelly	yél·i
jamón	ham	jam
manteca	butter	bá·ter
mermelada	jam	yam
mostaza	mustard	más·tard
pan	bread	bréd
panecitos	buns, rolls	bans, rols
panqueques	pancakes	pán·kéiks
papas fritas	french fries	french fráis
pastel	pie	pái
pimienta	pepper	pé·per
pizza	pizza	pít·za
pollo frito	fried chicken	fráid chí·ken
postre	dessert	di·sért
queso	cheese	chís
sal	salt	sólt
salchicha	hot dog	jot dog
salsa	sauce	sós
sopa	soup	súp
torta	cake	kéik
vinagre	vinegar	vín·e·gar

Frutas

ESPAÑOL	INGLÉS	PRONUNCIACIÓN
almendras	almonds	ól·monds
aguacate	avocado	a·vo·ká·dou
avellanas	hazelnuts	jéi·sel·nats
banana	banana	be·ná·na
castañas	chestnuts	chést·nats
coco	coconut	kóu·kou·nat
cereza	cherry	chér·ri
ciruela	plum	plam
durazno	peach	pich
frambuesa	raspberry	rásp·bér·ri
fresa	strawberry	stró·ber·ri
granada	pomegranate	póm·e·grén·eit
lima	lime	láim
limón	lemon	lém·on
mandarina	tangerine	tán·ye·rin
mango	mango	mán·gou
melón	melon	mé·lon
naranja	orange	ó·rendch
nueces	walnuts	uól·náts
papaya	papaya	pa·pa·ya
pera	pear	péar
sandía	watermelon	uó·ter·mél·on
sidra	cider	sái·der
uvas	grapes	gréips
zarzamora	blackberry	blák·bér·ri

Tipos de carne

ESPAÑOL	INGLÉS	PRONUNCIACIÓN
albóndiga	meatball	mít·bol
bistec	steak	stéik
carne asada	roast beef	róust bíf
carne picada	ground meat	gráund mit
carne de cerdo	pork	pork
costillas	ribs	ribs
salchicha, chorizo	sausage	sós·idch

Tipos Huevos

ESPAÑOL	INGLÉS	PRONUNCIACIÓN
huevos duros	hard boiled eggs	járd boi·eld eggs
huevos escalfados	poached eggs	poash·ed eggs
huevos fritos	fried eggs	fráid eggs
huevos tortillas	omelet	óm·e·let

Sopas

ESPAÑOL	INGLÉS	PRONUNCIACIÓN
arroz	rice	ráis
caldo de pollo	chicken broth	chí·ken bróz
caldo de verduras	vegetable broth	védch·ta·bl bróz
consomé	chicken soup	chí·ken súp
sopa de cebollas	onion soup	ón·ion súp
sopa de fideos	noodle soup	nú·dl súp
sopa de verduras	vegetable soup	védch·ta·bl súp

Hierbas y especias

ESPAÑOL	INGLÉS	PRONUNCIACIÓN
ajo	garlic	gár·lic
albahaca	basil	béi·sil
alcaparras	capers	kéi·pers
canela	cinnamon	sín·a·mon
cebollitas en vinagre	pickled onions	pík·lt ón·ions
cebollas	chives	cháivs
clavo de olor	cloves	clóuvs
laurel	bay	béi
menta	mint	mént
orégano	oregano	o·ré·ga·nou
perejil	parsley	pár·sli
romero	rosemary	róus·meri
salvia	sage	séish
tomillo	thyme	táim

Legumbres

ESPAÑOL	INGLÉS	PRONUNCIACIÓN
acelga	chard	chard
ají picante	chilli	chíl·i

ajo	garlic	gár·lic
apio	celery	sél·er·i
batata	sweet potato	suít po·téi·tou
berenjena	eggplant	ég·plant
brócoli	broccoli	bróc·o·li
calabaza	squash	skuásh
cebolla	onion	ón·ion
coliflor	cauliflower	kól·i·fláu·er
espárrago	asparagus	as·pár·a·gos
espinaca	spinach	spín·dich
garbanzos	chickpeas	chik pís
lechuga	lettuce	lét·os
lentejas	lentils	lén·tils
papa	potato	po·téi·tou
pepino	cucumber	kiú·com·ber
remolacha	beet	bít
repollo	cabbage	káb·edch
tomate	tomato	to·méi·tou
zanahoria	carrot	kár·rots

Herramientas

ESPAÑOL	INGLÉS	PRONUNCIACIÓN
aparato	gadget	gád·chet
arandela	washer	uósh·er
brocha	paint brush	péint·brásh
cable	wire	uáiar
caja de herramientas	toolbox	túl·box
cepillo	plane	pléin
cinta adhesiva	(adhesive) tape	(adjísiv) téip
cinta métrica	tape measure	téip més·her
clavo	nail	néil
destornillador	screwdriver	skrú·drái·ver
herramientas	tools	túls
llave allen	allen key	ál·en kí
llave inglesa o ajustable	monkey wrench	mán·ki rénch
martillo	hammer	jám·er
mecha/broca	drill bit	dríl bit
mesa de trabajo	workbench	uórk·bench
pala	shovel	shóv·el
papel de lijar	sandpaper	sánd·péip·er
pegamento	glue	glú

pintura	paint	péint
rastrillo	rake	réik
regla	ruler	rúl·er
serrucho	(hand) saw	(jánd) só
soldador	solder	sóul·der
tachuela	tack	ták
tenazas	pliers	plái·ers
taladro de mano	brace	bréis
taladro eléctrico	electric drill	e·lék·trik dríl
taller	workshop	uórk·shop
tijeras	scissors	sísors
tornillo	screw	skrú
tuerca	nut	nát

Unidades de medida

ESPAÑOL	INGLÉS	PRONUNCIACIÓN
metro	meter	mí·ter
milímetro	millimetre	míla·mí·ter
metro cuadrado	square metre	skuéar mí·ter
kilómetro cuadrado	square kilometre	skuéar kiló·mí·ter
medidas de volumen	cubic measures	kiúbic mé·shers
gramo, kilogramo	gram, kilogram	gram, kí·lo·gram
Tonelada	ton	tón
pulgada, pie	inch, foot	inch, fut
libra, galón	pound, gallon	páund, gá·lon
nudo, milla, marítima	knot, mile, maritime	not, máil, <mar·i·time>

Etiquetas de productos

ESPAÑOL	INGLÉS	PRONUNCIACIÓN
detergentes	detergents	di·tér·yents
fertilizantes	fertilisers	fer·ti·lái·sers
insecticidas	insecticides	in·sect·i·sáids
pesticidas	pesticides	pést·i·saids
tóxico	toxic	tóx·ik
aguas residuales	sewage	sú·ish
venenos	poisons	pói·sons
letal	lethal	líz·al
gases de escapes / smog	fumes / smog	fiúms / smog
dañado	damaged	dám·isht
contaminado	contaminated	kon·tam·i·néi·tit

agentes contaminantes	pollutants	po·liú·tants

Diversión y pasatiempo

ESPAÑOL	INGLÉS	PRONUNCIACIÓN
ajedrez	chess	chés
baile	dancing	dan·cing
billar americano	pool	púl
campamento	camping	cámp·ing
cocina	cooking	kúk·ing
crucigrama	crossword puzzle	crós·uérd pás·l
dominó	dominoes	dóm·i·nous
excursionismo	hiking	jái·king
jardinería	gardening	gár·den·íng
juego de bolitas	marbles	már·bls
juego de damas	checkers	chék·ers
juego de dardos	darts	dárts
rompecabezas	jigsaw puzzle	yíg·so pásl
yoga	yoga	ió·ga

Deportes

ESPAÑOL	INGLÉS	PRONUNCIACIÓN
aerobismo	aerobics	<aerobics>
alpinismo	mountaineering	maun·ten·ír·ing
artes marciales	martial arts	már·shal árts
atletismo	athletics	az·lét·iks
automovilismo	car racing	car réis·ing
básquet, baloncesto	basketball	bás·ket·bol
béisbol	baseball	béis·bol
billares	billiards, pool	bíl·iards, púl
bolos	bowling	bóul·ing
boxeo	boxing	bóks·ing
ciclismo	bicycling	bái·sik·ling
fútbol americano	football	fút·bol
fútbol	soccer	sók·er
golf	golf	gólf
hockey sobre hielo	ice hockey	áis jók·i
karate	karate	ka·rá·yti
natación	swimming	suím·ing
patinaje	skating	skéit·ing

*Recomendación: Te recomiendo usar un resaltador para remarcar cada palabra que quieras aprender o que hayas aprendido.

Navidad y año nuevo

ESPAÑOL	INGLÉS	PRONUNCIACIÓN
Feliz Navidad	Merry Christmas	mér·ri kríst·mas
Día de Navidad	Christmas Day	kríst·más déi
Nochebuena	Christmas Eve	krist·más ív
árbol de Navidad	Christmas tree	kríst·más trí
medias Navideñas	Christmas stockings	kríst·más stók·ings
chimenea	chimney	shím·ni
juguetes	toys	tóis
regalos	presents, gifts	pré·sents, gífts
Niño Jesús	Baby Jesus	béi·bi yí·sus
amor y felicidad	love and happiness	lóv and jáp·i·nes
muñeco de nieve	snowman	snóu·man
Nochevieja, Fin de Año	New Year's Eve	nú íars ív
brindis	toast	tóust
Feliz Año Nuevo	Happy New year	já·pi nú íar

Nombres de animales

ESPAÑOL	INGLÉS	PRONUNCIACIÓN
águila	eagle	í·gl
alce	elk	élk
araña	spider	spái·der
ardilla	squirrel	skuír·el
avestruz	ostrich	ós·trich
búfalo	buffalo	báf·a·lou
caballo	horse	jors
cabra	goat	góut
cachorro (perro)	puppy	pá·pi
caimán	alligator	al·i·guéi·tor
camaleón	chameleon	cha·míl·i·on
camello	camel	kám·el
canario	canary	ka·nár·i
canguro	kangaroo	kang·a·rú
cebra	zebra	síb·ra
cerdo	pig	píg
cigüeña	stork	stórk
cisne	swan	suán
cocodrilo	crocodile	krok·o·dáil
colibrí	hummingbird	jám·in bérd
conejo	rabbit	ráb·it

cuervo	crow, raven	kráu, réiv·in
chimpancé	chimpanzee, chimp	chím·pan·sí, chímp
delfín	dolphin	dól·fin
elefante	elephant	él·e·fant
flamenco	flamingo	fla·míng·ou
gallo, gallina	rooster (cock)	rús·ter (kok)
ganso	goose	gus
gato	cat	kat
gaviota	sea gull	sí gál
golondrina	swallow	suál·ou
gorila	gorilla	go·ríl·a
gorrión	sparrow	spár·ou
halcón	hawk	jók
jabalí	boar	bóar
lagarto	lizard	lís·ard
león, leona	lion, lioness	lái·on, lai·on·és
leopardo	leopard	líop·ard
lobo	wolf	uólf
lobo de mar	seal	síl
loro	parrot	pár·ot
mono	monkey	mán·ki
mula	mule	miúl
murciélago	bat	bat
nutrias de mar	sea otters	sí ót·ers
oso hormiguero	anteater	ant·í·ter
oso panda	panda bear	pán·da béar
oso polar	polar bear	póu·lar béar
oveja	sheep	shíp
pájaro carpintero	woodpecker	ud·pé·ker
paloma	dove, pigeon	dáv, pí·yon
pato	duck	dák
pavo	turkey	tér·ki
pavo real	peacock	pí·kok
pelícano	pelican	pél·i·kan
perico	parakeet	pár·a·kit
perro	dog	dóg
petirrojo	robin	ró·bin
pez	fish	fish
pingüino	penguin	pén·güin
pollito, pollo	chick,chicken	chík, chí·ken
potro	foal	fóul
puercoespín, erizo	hedgehog	jédch·jog

puma	puma	piú·ma
rana	frog	fróg
ratón, ratones	mouse, mice	máus, máis
reno	reindeer	réin·dír
rinoceronte	rhinoceros	rai·nóus·er·os
sapo	toad	tóud
tejón	badger	bád·yer
tigre	tiger	tái·guer
tortuga	turtle	tár·tl
vaca	cow	káu
víbora	snake	snéik
zorro	fox	foks

Signos del zodiaco

ESPAÑOL	INGLÉS	PRONUNCIACIÓN
ARIES	ARIES (March 21-April 20) / The Ram	Aris / de Ram
TAURO	TAURUS (April 21-May 20) / The Bull	Tóres / de Bul
GEMINI	GEMINI (May 21-June 20) / The Twins	Yéminai / de Tuíns
CÁNCER	CANCER (June 21-July 21) / The Crab	Kánser / de Krab
LEO	LEO (July 22-August 21) / The Lion	Líou / de Láion
VIRGO	VIRGO (August 22-September 21) / The Virgin	Vírgou / de Víryin
LIBRA	LIBRA (September 22-October 22) / The Scales	Líbra / de Skéils
ESCORPIO	SCORPIO (October 23-November 21) / The Scorpion	Skórpiou / de Skórpion
SAGITARIO	SAGITTARIUS (November 22-December 20) / The Archer	Sayitérias / di Archer
CAPRICORNIO	CAPRICORN (December 21-January 19) / The Goat	Káprikorn / de Góut
ACUARIO	AQUARIUS (January 20-February 18) /	Akuérias / de Uórer Béarer

	The Water Bearer	
PISCIS	PISCES (February 19-March 20) / The Fish	Páisis / de Fish

Las frases básicas son las que dices a diario, como en el trabajo, el supermercado, de compras etc.

- **Yes** = Sí

- **No** = No

- **Please** = Por favor

- **Thanks** = Gracias

- **Thank you** = Gracias a ti

- **Thank you very much** = Muchas gracias

- **You're welcome** = De nada (en respuesta a gracias)

- **Don't mention it** = No tiene importancia (en respuesta a gracias)

- **Not at all** = No pasa nada (en respuesta a gracias)

- **Hi** = Hola, buenas (bastante coloquial)

- **Hello** = Hola

- **Good Morning** = Buenos días (se usa antes del mediodía)

- **Good afternoon** = Buenas tardes (se usa entre el mediodía y las 6 de la tarde)

- Good evening = Buenas tardes (se usa después de las 6 de la tarde)

- Bye = Adiós

- Goodbye = Adiós

- Goodnight = Buenas noches

- See you! = ¡Nos vemos!

- See you soon! = ¡Nos vemos pronto!

- See you later! = ¡Hasta luego!

- Have a nice day! = ¡Qué tengas un buen día!

- Have a good weekend! = ¡Qué tengas un buen fin de semana!

- Excuse me = Disculpe, perdón (se usa para llamar la atención de alguien, para dejar pasar o para disculparse)

✓ Sorry = Perdón

✓ No problem = No pasa nada, no hay problema (en respuesta a perdón)

✓ That's ok = Está bien (en respuesta a perdón)

✓ Don't worry about it = No te preocupes (en respuesta a perdón)

✓ Do you speak English? = ¿Habla usted inglés?

✓ I don't speak English = No hablo inglés

- ✓ **I don't speak much English** = No hablo mucho inglés

- ✓ **I speak a little English** = Hablo un poco de inglés

- ✓ **I only speak very little English** = Solo hablo un poquito de inglés

- ✓ **Please speak more slowly** = Por favor, hable más despacio

- ✓ **Please write it down** = Por favor, escríbelo

- ✓ **I understand** = Comprendo (entiendo)

- ✓ **I don't understand** = No comprendo

- ✓ **I know** = Lo sé

- ✓ **I don't know** = No lo sé

- ✓ **Excuse me, where's the toilet?** = disculpe, ¿dónde está el baño?

- ✓ **Excuse me, where's the men's room?** = disculpe, ¿dónde está el aseo de caballeros?

- ✓ **Excuse me, where's the ladies' room?** = disculpe, ¿dónde está el aseo de señoras?

  - o **<u>Señales que puedes ver</u>**

- ✓ **Entrance** = Entrada

- ✓ **Exit** = Salida

- ✓ **Push** = Empujar

- ✓ **Pull** = Tirar

- ✓ **Emergency exit** = Salida de emergencia

- ✓ **Toilets** = Aseos

- ✓ **Gentlemen** = Caballeros

- ✓ **Ladies** = Señoras

- ✓ **Vacant** = Libre

- ✓ **Occupied** = Ocupado

- ✓ **Engaged** = Ocupado

- ✓ **Out of order** = Fuera de servicio

- ✓ **No smoking** = No fumar

- ✓ **Private** = Privado

- ✓ **No entry** = No pasar

✓ Otras frases comunes

- ✓ **I'm sorry** = Lo siento

- ✓ **Sorry, I'm late** = Perdón, llego tarde

- ✓ **That's fine** = Está bien; no pasa nada

- ✓ **That's right** = Es verdad

- ✓ **OK** = Vale, está bien

- ✓ **Of course** = Por supuesto

- ✓ **Great!** = ¡genial!

- ✓ **Certainly** = Seguramente

- ✓ **Definitely** = definitivamente

- ✓ **Absolutely** = absolutamente

- ✓ **Where are you?** = ¿Dónde estás?

- ✓ **¡Come in!** = ¡Entra!

- ✓ **Please sit down** = Por favor, siéntese

- ✓ **Congratulations!** = ¡Felicitaciones!

- ✓ **Happy birthday!** = ¡Feliz cumpleaños!

- ✓ **Well done!** = ¡Bien hecho!

- ✓ **What's this?** = ¿Qué es esto?

- ✓ **What's that?** = ¿Qué es eso?

- ✓ **¿Do you understand?** = ¿Comprendes?

- ✓ **Let's go** = Vamos

- ✓ **Hurry up!** = ¡Rápido!, ¡date prisa!

- ✓ **Get a move on!** = ¡Muévete!

- ✓ **I'm in a hurry** = Tengo prisa

- ✓ **I don't mind** = No me importa

- **It's up to you** = Como quieras

- **Is anything wrong?** = ¿Pasa algo malo?

- **What's the matter?** = ¿Qué pasa?

- **Is everything ok?** = ¿Está todo bien?

- **Calm down** = Cálmate, tranquilízate

- **Take it easy!** = ¡Tranquilo!, ¡para el carro!

- **Hang on a second** = Espera un segundo

- **Hang on a minute** = Espera un minuto

- **One moment, please** = Un momento, por favor

- **Just a minute** = solo un minuto

- **Good luck!** = ¡Buena suerte!

- **Bad luck!** = ¡Mala suerte!

- **What a pity!** = ¡Qué pena!

- **What a shame!** = ¡Qué pena!

- **Please be quiet** = Por favor, estate quieto

- **Shut up!** = ¡Cállate!

- **Stop it!** = ¡Para!

- **Could I have your attention, please?** = ¿Pueden prestarme atención, por favor?

- ✓ **Take your time** = Tómate tu tiempo

- ✓ **Do you have a minute?** = ¿Tienes un minuto?

- ✓ **Really?** = ¿De verdad?

- ✓ **Are you sure?** = ¿Estás seguro?

- ✓ **Bless you!** = ¡Bendiciones! (después de un estornudo)

- ✓ **Sleep well** = Qué duermas bien

- ✓ **Same to you** = Lo mismo te digo

- ✓ **I'm tired** = Estoy cansado

- ✓ **I'm exhausted** = Estoy extenuado

- ✓ **See you tomorrow** = Nos vemos mañana

- ✓ **All the best!** = ¡Buena suerte!, ¡un abrazo!

- ✓ **We will see you later** = Nos vemos (coloquial)

- ✓ **Don't worry** = No te preocupes

- ✓ **Don't forget** = No te olvides

- ✓ **Why not?** = ¿Por qué no?

- ✓ **It's not important** = No es importante

- ✓ **Glad to hear that** = Me alegra oír eso

- ✓ **Sorry to hear that** = Siento oír eso

- ✓ **I'm hungry** = Tengo hambre

- ✓ **I'm thirsty** = Tengo sed

- ✓ **Thanks for your** = Gracias por tu…

- ✓ **Help** = Ayuda

- ✓ **Hospitality** = Hospitalidad

- ✓ **E-mail** = E-mail/Correo

- ✓ **Welcome!** = ¡Bienvenido!

- ✓ **Welcome to** = Bienvenido a…

  - ○ **England** = Inglaterra

- ✓ **What do you think?** = ¿Qué piensas?

- ✓ **I think that…** = Creo que…

- ✓ **I hope that…** = Espero que…

- ✓ **In my opinion, …** = En mi opinión, …

- ✓ **I agree** = Estoy de acuerdo

- ✓ **I disagree** = Estoy en desacuerdo

- ✓ **I don't agree** = No estoy de acuerdo

- ✓ **You're right**= Tienes razón

- ✓ **You're wrong** = No tienes razón

- ✓ **What happened?** = ¿Qué ha pasado?

- ✓ **What's going on?** = ¿Qué ocurre?

- ✓ **What's happening?** = ¿Qué está pasando?

- ✓ **Look!** = ¡mira!

- ✓ **That's enough** = Es suficiente

- ✓ **Help yourself** = Sírvete tú mismo

- ✓ **Go ahead** = Adelante

Emergencias

- ✓ **Help!** = ¡Ayuda!

- ✓ **Be careful!** = ¡Ten cuidado!

- ✓ **Look out!** = ¡Cuidado!

- ✓ **Watch out!** = ¡Cuidado!

- ✓ **Please help** = Por favor, ayúdame

- ✓ **Call an ambulance!** = ¡Llame a una ambulancia!

- ✓ **I need a doctor** = Necesito un médico

- ✓ **There's been an accident** = Ha habido un accidente

- ✓ **Please hurry!** = ¡Por favor, dénse prisa!

- ✓ **Are you ok?** = ¿Estás bien?

- ✓ **Is everyone ok?** = ¿Están todos bien?

- ✓ **Stop, thief!** = ¡Al, ladrón!

- ✓ **Call the police!** = ¡Llame a la policía!

- ✓ **My wallet has been stolen** = Me han robado la cartera

- ✓ **My purse has been stolen** = Me han robado el bolso

- ✓ **I'd like to report a theft** = Quiero denunciar un robo

- ✓ **My car's been broken into** = Me han robado en el coche

- ✓ **I've been mugged** = Me han atacado y robado

- ✓ **I've been attacked** = Me han atacado

- ✓ **Fire!** = ¡Fuego!

- ✓ **Call the fire department!** = ¡Llame a los bomberos!

- ✓ **I'm lost** = Estoy perdido

- ✓ **We're lost** = Estamos perdidos

- ✓ **I can't find my...** = No puedo encontrar...

- ✓ **I've lost my...** = He perdido...

- ✓ **Keys** = Llaves

- ✓ **Passport** = Pasaporte

- ✓ **Wallet** = Cartera

- ✓ **Purse** = Bolso

- ✓ **Camera** = Cámara

- ✓ **I've locked myself out of my...** = He dejado las llaves dentro...

- ✓ **Car** = Coche, Auto

- ✓ **Room** = Habitación

- ✓ **Please leave me alone** = Por favor, déjame en paz

- ✓ **Go away!** = ¡vete!

Conversación general

- ✓ **How are you?** = ¿Cómo estás?

- ✓ **How's it going?** = ¿Qué tal va? (bastante coloquial)

- ✓ **How's life?** = ¿Cómo te va la vida? (bastante coloquial)

- ✓ **How are you doing?** = ¿Cómo estás? (bastante coloquial)

- ✓ **How are things?** = ¿Cómo van las cosas? (bastante coloquial)

- ✓ **I'm fine, thanks** = Estoy bien, gracias

- ✓ **I'm ok, thanks** = No me va mal, gracias

- ✓ **Not too bad, thanks** = No tan mal, gracias

- ✓ **All right, thanks** = Muy bien, gracias

- ✓ **Not so well** = No muy bien

- ✓ **How about you?** = ¿y tú, qué tal?

- ✓ **And you?** = ¿y tú?

- ✓ **And yourself?** = ¿y tú mismo?

- ✓ **What have you been up to?** = ¿Qué has estado haciendo últimamente?

- ✓ **Working a lot** = Trabajando mucho

- ✓ **Studying a lot** = Estudiando mucho

- ✓ **I've been very busy** = He estado muy ocupado

- ✓ **Same as usual** = Lo mismo de siempre

- ✓ **Not much** = No demasiado

- ✓ **Not a lot** = No mucho

- ✓ **I've just come back from...** = Justo he vuelto de...

- ✓ **Do you have any plans for the summer?** = ¿Qué planes tienes para el verano?

- ✓ **What are you doing for...?** = ¿qué vas a hacer para...?

  - o **Christmas** = Navidades

  - o **New Year** = Año Nuevo

  - o **Easter** = Semana Santa

- ✓ <u>**Fumar**</u>

- ✓ **Do you smoke?** = ¿Fumas?, ¿fuma usted?

- ✓ **Yes, I smoke** = Sí, sí fumo

- ✓ **No, I don't smoke.** = No, no fumo.

- ✓ **Do you mind if I smoke?** = ¿Te importa si fumo?

- ✓ **Would you like a cigarette?** = ¿Quieres un cigarillo?

- ✓ **Do you have an extra cigarette?** = ¿Tienes un cigarillo de sobra?

- ✓ **Do you have a light?** = ¿Tienes fuego?

- ✓ **I've stopped smoking.** = He dejado de fumar.

- ✓ **I've given it up.** = Lo he dejado.

- ✓ **I'm trying to give it up.** = Estoy intentando dejarlo.

Haciendo amigos

- ✓ **What's your name?** = ¿Cómo te llamas?

- ✓ **My name is...** = Me llamo...

- ✓ **I'm...** = Soy...

- ✓ **This is...** = Este es ..

- ✓ **Nice to meet you** = Encantado de conocerle

- ✓ **Pleased to meet you** = Un placer conocerle

- ✓ **How do you do?** = ¿Cómo está usted? (expresión formal que se usa cuando se conoce a una nueva persona)

- ✓ **How old are you?** = ¿Cuántos años tienes?

- ✓ **I'm (24) years old)** = Tengo (24) años

- ✓ **When is your birthday?** = ¿Cuándo es tu cumpleaños?

- ✓ **It's...** = Es el...

- ✓ **May 16** = 16 de mayo

- ✓ **Where are you from?** = ¿De dónde eres?

- ✓ **Where do you come from?** = ¿De dónde vienes?

- ✓ **Whereabouts are you from?** = ¿De dónde vienes?

- ✓ **I'm from...** = Soy de

  - o **England = Inglaterra**

- ✓ **Whereabouts in... are you from?** = ¿de qué parte de... eres?

- ✓ **What part of... do you come from?** = ¿de qué parte de... eres?

- ✓ **Where do you live?** = ¿dónde vives?

- ✓ **I live in... = Vivo en...**

  - o **London = Londres**

- ✓ **I'm originally from... but now live in...** = Soy originario de... pero ahora vivo en...

- ✓ **I was born in... but grew up in...** = Nací en... pero me he criado en...

- ✓ **Whom do you live with?** = ¿Con quién vives?

- ✓ **I live with my...** = Vivo con...

  - ○ **boyfriend** = mi novio

  - ○ **girlfriend** = mi novia

  - ○ **partner** = mi pareja

  - ○ **husband** = mi marido

  - ○ **wife** = mi mujer

  - ○ **parents** = mis padres

- ✓ **Do you live on your own?** = ¿Vives solo?

- ✓ **I live on my own** = Vivo solo

- ✓ **I live with one other person** = Comparto mi casa con otra persona

- ✓ **I live with... others...** = Comparto mi casa con otros...

  - ○ **two** = dos

  - ○ **three** = tres

- ✓ **What's your phone number?** = ¿Cuál es tu número de teléfono?

- ✓ **What's your email address?** = ¿Cuál es tu dirección de email?

- ✓ **Could I get your phone number?** = ¿Puedes darme tu número de teléfono?

✓ **Could I get your email address?** = ¿Puedes darme tu dirección de email?

Familia y relaciones

✓ **Do you have any brothers or sisters?** = ¿Tienes algún hermano o hermana?

✓ **Yes, I've got...** = Sí, tengo...

- o **a brother** = un hermano

- o **a sister** = una hermana

- o **an elder brother** = un hermano mayor

- o **a younger sister** = una hermana más joven

- o **two brothers** = dos hermanos

- o **two sisters** = dos hermanas

- o **one brother and two sisters** = un hermano y dos hermanas

✓ **Yes, i have ...brothers and ... sisters** = sí, tengo ... hermanos y ... hermanas

✓ **No, I'm an only child.** = No, soy hijo único.

✓ **Do you have a boyfriend?** = ¿Tienes novio?

✓ **Do you have a girlfriend?** = ¿Tienes novia?

✓ **Are you married?** = ¿Estás casado?, ¿Estás casada?

- ✓ **Are you single?** = ¿Estás soltero?, ¿Estás soltera?

- ✓ **Are you seeing anyone?** = ¿Estás saliendo con alguien?

- ✓ **I'm...** = Estoy...

    - ○ **single** = soltero/a

    - ○ **engaged** = comprometido/a

    - ○ **married** = casado/a

    - ○ **divorced** = divorciado/a

    - ○ **separated** = separado/a

    - ○ **a widow** = viuda

    - ○ **a widower** = viudo

- ✓ **I'm seeing someone** = estoy saliendo con alguien

- ✓ **Do you have any children?** = ¿Tienes hijos?

- ✓ **Yes, I've got...** = Sí, tengo...

    - ○ **a boy and a girl** = un chico y una chica

    - ○ **a young baby** = un bebé

    - ○ **three kids** = tres niños

- ✓ **I don't have any children** = No, no tengo hijos

- ✓ **Do you have any pets?** = ¿Tienes alguna mascota?

✓ **I've got…** = Sí, tengo…

      ○ **a dog and two cats** = un perro y dos gatos

      ○ **a Labrador** = un perro Labrador

✓ **Are your parents still alive?** = ¿están tus padres todavía vivos?

✓ **Where do your parents live?** = ¿dónde viven tus padres?

✓ **What do your parents do?** = ¿Qué hacen tus padres?

Hobbies y aficiones

✓ **What do you like doing in your spare time?** = ¿Qué te gusta hacer en tu tiempo libre?

✓ **I like…** = Me gusta…

      ○ **Watching TV** = Ver la televisión

      ○ **Listening to music** = Escuchar música

      ○ **Walking** = Pasear

      ○ **Jogging** = Hacer

      ○ **I quite like…** = Me gusta bastante…

      ○ **Cooking** = Cocinar

      ○ **Playing chess** = Jugar al ajedrez

      ○ **yoga** = el yoga

- ✓ **I'm interested in...** = Me interesa...

  - o **photography** = la fotografía

  - o **history** = la historia

  - o **languages** = los idiomas

- ✓ **I really like...** = me gusta mucho

  - o **swimming** = nadar

  - o **dancing** = bailar

- ✓ **I love...** = Me encanta...

  - o **the theatre** = el teatro

  - o **the cinema** = el cine

  - o **going out** = salir por ahí

  - o **clubbing** = ir a la discoteca

- ✓ **I read a lot** = Leo mucho

- ✓ **I enjoy travelling** = me gusta viajar

- ✓ **Do you play any sports?** = ¿practicas algún deporte?

- ✓ **Yes, I play...** = Sí, juego...

  - o **football** = al fútbol

  - o **tennis** = al tenis

- golf = al golf

✓ **I'm a member of a gym** = Estoy apuntado a un gimnasio

✓ **No, I'm not particularly athletic** = No, no soy muy deportista

✓ **I like watching football.** = Me gusta ver el fútbol

✓ **Which team do you support?** = ¿Cuál es tu equipo favorito?

✓ **I'm not interested in football.** = No me interesa el fútbol

✓ **I don't like...** = No me gustan...

- **pubs** = los pubs

- **noisy bars** = los bares ruidosos

- **nightclubs** = las discotecas

✓ **I hate...** = odio...

- **shopping** = ir de compras

✓ **I can't stand...** = no soporto...

- **football** = el fútbol

✓ **Do you play any instruments?** = ¿sabes tocar algun instrumento?

✓ **Yes, I play...** = sí, sé tocar...

- **the guitar** = la guitarra

✓ **Yes, I've played the piano for ... years** = Sí, he tocado el piano durante ... años

- five = cinco

✓ **I'm in a band** = Estoy en una banda de música

✓ **I sing in a choir** = Canto en un coro

✓ **What sort of music do you like?** = ¿Qué tipo de música te gusta?

✓ **What sort of music do you listen to?** = ¿Qué tipo de música escuchas?

- **pop** = pop

- **rock** = rock

- **dance** = música dance

- **classical** = música clásica

- **anything, really** = escucho de todo

- **lots of different stuff** = escucho mucha música diferente

✓ **Do you have any favorite bands?** = ¿Tienes alguna banda favorita?

✓ **Have you read any good books lately?** = ¿has leído algún buen libro
  - últimamente?

✓ **Have you seen any good movies recently?** = ¿has visto alguna buena película últimamente?

Para el trabajo

✓ **What do you do?** = ¿Qué haces?

- ✓ **What do you do for a living?** = ¿Qué haces para ganarte la vida?

- ✓ **What sort of work do you do?** = ¿Qué clase de trabajo haces?

- ✓ **What line of work are you in?** = ¿Qué clase de trabajo haces?

- ✓ **I'm a...** = Soy...

  - o **teacher** = profesor

  - o **student** = estudiante

  - o **doctor** = doctor

- ✓ **I work as a...** = trabajo como...

  - o **journalist** = periodista

  - o **web designer** = diseñador de páginas web

- ✓ **I work in...** = trabajo en...

  - o **television** = televisión

  - o **publishing** = la industria editorial

  - o **PR (public relations)** = comunicación y relaciones públicas

  - o **sales** = ventas

  - o **IT** =la informática

- ✓ **I work with...** = trabajo con...

  - o **computers** = ordenadores (computadoras)

- children with disabilities = niños discapacitados

✓ **I stay at home and look after the children** = me quedo en casa y cuido de los niños

✓ **I'm a housewife** = Soy ama de casa

✓ **I'm self-employed** = Soy trabajador autónomo

✓ **I have my own business** = Tengo mi propio negocio

✓ **Where do you work?** = ¿dónde trabajas?

✓ **I work in...** = Trabajo en...

- **an office** = una oficina

- **a shop** = una tienda

- **a restaurant** = un restaurante

- **a bank** = un banco

- **a factory** = una fábrica

- **a call centre** = un servicio de llamadas

✓ **I work from home** = trabajo desde casa

✓ **I work for...** = Trabajo para...

- **a publishers** = una editorial

- **an investment bank** = un banco de inversiones

- **the council** = el ayuntamiento

- ✓ **I'm a partner in...** = soy socio en...

    - ○ **a law firm** = un bufete de abogados

    - ○ **an accounting office** = una oficina de contabilidad

    - ○ **a real estate agent** = una inmobiliaria

- ✓ **I've just started at...** = acabo de empezar en...

- ✓ **I'm training to be...** = estoy practicando para llegar a ser...

    - ○ **an engineer** = ingeniero

    - ○ **a nurse** = enfermero/a

- ✓ **I'm a trainee...** = soy becario haciendo de...

- ✓ **accountant** contable

- ✓ **supermarket manager** = jefe de supermercado

- ✓ **I'm taking a course at the moment** = estoy hacienda un curso en la actualidad

- ✓ **I'm gaining work experience** estoy cogiendo experiencia en el trabajo

- ✓ **I'm doing an internship.** Estoy disfrutando de una beca.

- ✓ **I've got a part-time job.** Trabajo a tiempo parcial.

- ✓ **I've got a full-time job.** Trabajo a tiempo completo.

- ✓ **I'm...** = Estoy...

    - ○ **unemployed** = desempleado

- o **out of work** = desempleado

- o **looking for work** = buscando trabajo

- o **looking for a job** = buscando un empleo

✓ **I'm not working at the moment.** = No estoy trabajando en este momento.

✓ **I've been fired.** = Me han despedido...

✓ **I was fired two months ago.** = Me han despedido hace un par de meses.

✓ **I do some volunteer work.** = Hago trabajo voluntario.

✓ **I'm retired.** = Estoy jubilado.

Educación

✓ **University** = Universidad

✓ **Are you a student?** = ¿eres estudiante?

✓ **What do you study?** = ¿Qué estudias?

✓ **I'm studying...** = Estoy estudiando...

- o **history** = historia

- o **economics** = económicas

- o **medicine** = medicina

- ✓ **Where do you study?** = ¿dónde estudias?

- ✓ **In which university are you?** = ¿En qué universidad estás?

- ✓ **What university do you attend?** = ¿A qué universidad vas?

- ✓ **I'm at...** = Voy a...

- ✓ **Liverpool University** = la Universidad de Liverpool

- ✓ **What year are you in?** = ¿En qué año estás?

- ✓ **I'm in my ... year** = Estoy en mi ... año

    - o **first** = primer

    - o **second** = segundo

    - o **third** = tercer

- ✓ **final** = último

- ✓ **I'm in my first year at university.** = Estoy en mi primer año de universidad.

- ✓ **Do you have any exams coming up?** = ¿Tienes algún examen dentro de poco?

- ✓ **I've just graduated.** = Me acabo de graduar.

- ✓ **I'm doing a masters in...** = Estoy haciendo un masters en...

    - o **law** = derecho

- ✓ **I'm doing a PhD in...** = Estoy haciendo un doctorado en...

- chemistry = química

✓ **Did you go to university?** = ¿Fuiste a la universidad?

✓ **I didn't go to university.** = No, no fuí a la universidad.

✓ **I never went to university.** = Nunca fuí a la universidad.

✓ **Where did you go to university?** = ¿En dónde fuiste a la universidad?

✓ **I went to...** = fuí a...

- **Cambridge** = Cambridge

✓ **What did you study?** = ¿Qué estudiaste?

✓ **I studied...** = Estudié ...

- **maths** = matemáticas

- **politics** = ciencias políticas

- **school** = escuela

✓ **Where did you go to school?** = ¿En qué escuela estudiaste?

✓ **I went to school in...** = fuí a la escuela en...

- **Bristol** = Bristol

✓ **I left school at sixteen.** = Dejé el colegio cuando tenía dieciséis años.

✓ **I'm taking a gap year** = Estoy tomando un año sabático.

✓ <u>**Planes Futuros**</u>

- ✓ **How many years of study do you have left?** = ¿Cuántos años de estudio te quedan?

- ✓ **What do you want to do when you've finished?** = ¿Qué quieres hacer cuando acabes?

- ✓ **Get a job** = encontrar un trabajo

- ✓ **Go traveling** = viajar

- ✓ **I don't know what I want to do after university.** = No sé qué quiero hacer cuando acabe la universidad.

Relaciones amorosas

Aquí tienes algunas frases en inglés para las relaciones amorosas. Si quieres aprender cómo pedir salir a alguien, o si buscas algunas frases románticas para impresionar a tu novia o novio, encontrarás todo lo que necesitas aquí.

- ✓ **Breaking the ice** = Rompiendo el hielo

- ✓ **Can I buy you a drink?** = ¿Puedo invitarte a una copa?

- ✓ **Would you like a drink?** = ¿Quieres tomar algo?

- ✓ **Can I get you a drink?** = ¿Quieres beber algo?

- ✓ **Are you on your own?** = ¿Estás solo?, ¿estás sola?

- ✓ **Would you like to join us?** = ¿Te gustaría unirte a nosotros?

- ✓ **Do you mind if I join you?** = ¿Te importa si me uno a vosotros?

- ✓ **Do you mind if we join you?** = ¿Te importa si nos unimos a vosotros?

- ✓ **Do you come here often?** = ¿Vienes a menudo por aquí?

- ✓ **Is this your first time here?** = ¿Es la primera vez que estás aquí?

- ✓ **Have you been here before?** = ¿Has estado aquí antes?

- ✓ **Would you like to dance?** = ¿Te gustaría bailar conmigo?

- ✓ <u>**Pedir salir a alguien**</u>

- ✓ **Do you want to go for a drink sometime?** = ¿Quieres ir a tomar una copa juntos algún día?

- ✓ **I was wondering if you'd like to go out for a drink sometime** = me preguntaba si tal vez te gustaría ir a tomar una copa algún día

- ✓ **If you'd like to meet up sometime, let me know!** = ¡Si quieres quedar algún día, házmelo saber!

- ✓ **Would you like to join me for a coffee?** = ¿Quieres tomar un café conmigo?

- ✓ **Would you like to go eat together?** = ¿Te gustaría ir a comer algo juntos?

- ✓ **Would you like to have lunch sometime?** = ¿Te gustaría almorzar juntos algún día?

- ✓ **Would you like to have dinner sometime?** = ¿Te gustaría cenar juntos algún día?

- ✓ **Would you like to go see a movie sometime?** = ¿Te gustaría ir a ver una película algún día?

- ✓ **That sounds good** = Suena bien

✓ **I'd love to!** = ¡Me encantaría!

✓ **Sorry, I'm busy** = Lo siento, estoy ocupado/a

✓ **Sorry, you're not my type** = Lo siento, pero no eres mi tipo

✓ **Here's my number** = Este es mi número de teléfono

✓ **What's your phone number?** = ¿Cuál es tu número de teléfono?

✓ **Could I get your phone number?** = ¿Puedes darme tu número de teléfono?

✓ **Cumplidos**

✓ **You look great.** = Estás muy guapo/guapa.

✓ **You look very nice tonight.** = Estás muy guapo/guapa esta noche.

✓ **I like your outfit.** = Me gusta tu vestido.

✓ **You're beautiful.** = Eres preciosa. (dicho sólo a una mujer)

✓ **You're really good-looking.** = Eres realmente guapo/guapa.

✓ **You're really sexy.** = Eres realmente sexy

✓ **You've got beautiful eyes.** = Tienes unos ojos preciosos.

✓ **You've got a great smile.** = Tienes una sonrisa muy bonita.

✓ **Thanks for the compliment!** = ¡Gracias por el piropo!

Durante Una Cita

✓ **What do you think of this place?** = ¿Qué te parece este sitio?

✓ **Shall we go somewhere else?** = ¿Vamos a otro lugar?

✓ **I know a good place.** = Conozco un buen sitio.

✓ **Can I kiss you?** = ¿te puedo besar?

✓ **Can I walk you home?** = ¿Te puedo acompañar a casa?

✓ **Can I drive you home?** = ¿Te puedo llevar a casa en mi coche?

✓ **Would you like to come in for a coffee?** = ¿Quieres venir a tomarte un café conmigo?

✓ **Would you like to come back to my house?** = ¿Quieres venir a mi casa?

✓ **Thanks, I had a great evening.** = Gracias, la he pasado muy bien esta noche.

✓ **When can I see you again?** = ¿Cuándo te puedo ver de nuevo?

✓ **Give me a call!** = ¡Llámame!

✓ **I'll call you.** = ¡Te llamaré!

✓ <u>**Hablando Acerca de Sentimientos**</u>

✓ **What do you think of me?** = ¿Qué opinas de mí?

- ✓ **I enjoy spending time with you.** = Me gusta pasar tiempo contigo.

- ✓ **I find you very attractive.** = Te encuentro muy atractIvo/a.

- ✓ **I like you.** = Me gustas.

- ✓ **I like you a lot.** = Me gustas mucho.

- ✓ **I'm crazy about you.** = Yo estoy loco por ti.

- ✓ **¡I love you!** = ¡Te quiero!

- ✓ **Will you marry me?** = ¿Quieres casarte conmigo?

- ✓ **I miss you.** = Te echo de menos.

- ✓ **I've missed you.** = Te he echado de menos.

- ✓ **Sex** = Sexo

- ✓ **Come to bed with me!** = ¡Ven a la cama conmigo!

- ✓ **Do you have any condoms?** = ¿Tienes condones?

- ✓ **Excusas**

- ✓ **I've got a headache** = Me duele la cabeza.

- ✓ **I'm not in the mood** = No me apetece.

- ✓ **Not tonight** = esta noche no

- ✓ **I'm not ready.** = No estoy preparado/a.

- ✓ **Orientación Sexual**

- ✓ **I'm ...** soy ...

    - ○ **straight** = heterosexual

    - ○ **gay** = homosexual

Frases para tener una cita

- ✓ **Are you doing anything this evening?** = ¿Haces algo esta noche?

- ✓ **Do you have any plans for ...?** = ¿Tienes algún plan para ...?

    - ○ **this evening** esta tarde, esta noche = (después de las 6 de la tarde)

    - ○ **tomorrow** = mañana

    - ○ **the weekend** = el fin de semana

- ✓ **Are you free ...?** = ¿estás libre ...?

    - ○ **tomorrow afternoon** = mañana por la tarde (desde el mediodía hasta las 6 de la tarde)

    - ○ **tomorrow evening** = mañana por la noche (después de las 6 de la tarde)

- ✓ **What would you like to do this evening?** = ¿Qué te gustaría hacer esta tarde?

- ✓ **Do you want to go somewhere for the weekend?** = ¿Quieres ir a algún sitio el fin de semana?

- ✓ **Would you like to join me for something to eat?** = ¿quieres acompañarme a comer algo?

- ✓ **sure** = sí, claro

- ✓ **I'd love to.** = Me encantaría.

- ✓ **I'm too tired.** = Estoy demasiado cansado.

- ✓ **I'm staying in tonight.** = Me quedo en casa esta noche.

- ✓ **I'm very busy at the moment.** = Estoy muy ocupado en estos momentos.

- ✓ **What time shall we meet?** = ¿A qué hora nos vemos?

- ✓ **Let's meet at ...** = Nos vemos a las ...

- ✓ **eight o'clock** = ocho en punto

- ✓ **Where would you like to meet?** = ¿Dónde quieres que nos encontremos?

- ✓ **I'll see you ... at ten o'clock** = te veo ... a las diez

  - o **in the pub** = en el pub

  - o **at the cinema** = en el cine

- ✓ **I'll meet you there** = me encontraré contigo allí

- ✓ **See you there!** = ¡te veo allí!

- ✓ **Let me know if you can make it.** = Díme si puedes venir.

- ✓ **I'll call you later.** = Te llamo luego.

- ✓ **What's your address?** = ¿Cuál es tu dirección?

- ✓ **I'm running a little late.** = Llegaré un poco tarde.

- ✓ **I'll be there in ... minutes** = Estaré allí en ... minutos

  - ○ **five** = cinco

  - ○ **ten** = diez

  - ○ **fifteen** = quince

- ✓ **Have you been here long?** = ¿Llevas aquí mucho tiempo?

- ✓ **Have you been waiting long?** = ¿Has estado esperando mucho?

Fecha y hora

Especificando el día

- ✓ **the day before yesterday** = antes de ayer

- ✓ **yesterday** = ayer

- ✓ **today** = hoy

- ✓ **tomorrow** = mañana

- ✓ **the day after tomorrow** = pasado mañana

  - ○ **Especificando la hora del día**

- ✓ **last night** = la pasada noche

✓ **tonight** = esta noche

✓ **tomorrow** = night mañana por la noche

✓ **in the morning** = por la mañana

✓ **in the afternoon** = por la tarde

✓ **in the evening** = por la tarde, por la noche

✓ **yesterday morning** = ayer por la mañana

✓ **yesterday afternoon** = ayer por la tarde

✓ **Last night** = Ayer por la tarde, ayer por la noche

✓ **this morning** = esta mañana

✓ **this afternoon** = esta tarde

✓ **this evening** = esta tarde, esta noche

✓ **tomorrow morning** = mañana por la mañana

✓ **tomorrow afternoon** = mañana por la tarde

✓ **tomorrow evening** = mañana por la tarde, mañana por la noche

○ **Especificando la semana, mes o año**

✓ **last week** = la semana pasada

✓ **last month** = el mes pasado

✓ **last year** = el año pasado

✓ **this week** = esta semana

✓ **this month** = este mes

✓ **this year** = este año

✓ **next week** = la semana que viene

✓ **next month** = el mes que viene

✓ **next year** = el año que viene

  o **Otras Expresiones de Tiempo**

✓ **now** = ahora

✓ **before** = antes

✓ **immediately, straight away** = inmediatamente, justo ahora

✓ **soon** = pronto

✓ **earlier** = más temprano

✓ **later** = más tarde

✓ **five minutes ago** = hace cinco minutos

✓ **an hour ago** = hace una hora

✓ **a week ago** = hace una semana

✓ **two weeks ago** = hace dos semanas

✓ **a month ago** = hace un mes

✓ **a year ago** = hace un año

✓ **a long time ago** = hace mucho tiempo

✓ **in ten minutes' time, in ten minutes** = en diez minutos

✓ **in an hour's time, in an hour** = en una hora

✓ **in a week's time, in a week** = en una semana

✓ **in ten days' time, in ten days** = en diez días

✓ **in three weeks' time, in three weeks** = en tres semanas

✓ **in two months' time, in two months** = en dos meses

✓ **in ten years' time, in ten years** = en diez años

✓ **the previous day** = el día anterior

✓ **the previous week** = la semana anterior

✓ **the previous month** = el mes anterior

✓ **the previous year** = el año anterior

✓ **the following day** = el siguiente día

✓ **the following week** = la siguiente semana

✓ **the following month** = el siguiente mes

✓ **the following year** = el siguiente año

Frases para decir la Hora

✓ **What's the time?** = ¿Qué hora es?

✓ **What time is it?** = ¿Qué hora es?

✓ **Could you tell me the time, please?** = ¿Me podría decir la hora, por favor?

✓ **Do you happen to have the time?** = ¿Tienes hora?, ¿Tiene usted hora?

✓ **Do you know what time it is?** = ¿sabes qué hora es?

✓ **It's...** = Es/Son ...

✓ **exactly...** = Exactamente...

✓ **about...** = aproximadamente...

✓ **almost...** = casi...

✓ **just past ...** = justo pasadas...

✓ **one o'clock** = la una en punto

✓ **two o'clock** = las dos en punto

✓ **quarter past one** = la una y cuarto

✓ **quarter past two** = las dos y cuarto

✓ **half past one** = la una y media

- ✓ **half past two** = las dos y media
- ✓ **quarter to two** = las dos menos cuarto

- ✓ **quarter to three** = las tres menos cuarto

- ✓ **five past one** = la una y cinco

- ✓ **ten past one** = la una y diez

- ✓ **twenty past one** = la una y veinte

- ✓ **twenty-five past one** = la una y veinticinco

- ✓ **five to two** = las dos menos cinco

- ✓ **ten to two** = las dos menos diez

- ✓ **twenty to two** = las dos menos veinte

- ✓ **twenty-five to two** = las dos menos veinticinco

- ✓ **ten fifteen** = las diez y cuarto

- ✓ **ten thirty** = las diez y media

- ✓ **ten forty-five** = las diez y cuarenta y cinco

- ✓ **ten am** = las diez de la mañana

- ✓ **six pm** = las seis de la tarde

- ✓ **noon, midday** = mediodía

- ✓ **midnight** = medianoche

En inglés también se puede usar para indicar el tiempo horario la hora y los minutos, seguidos de am o pm si es necesario. Ejemplo:
11:47am = 11:47
2:13pm = 14:13

Frases para pedir la fecha

Preguntando la fecha

✓ **What's the date today?** = ¿Cuál es la fecha de hoy?

✓ **What's today's date?** = ¿Cuál es la fecha de hoy?

    o **Fechas**

✓ **October 15 (the fifteenth of October, October the fifteenth)** = 15 de Octubre

✓ **Monday, 1 January (Monday, the first of January or Monday, January the first)** = lunes, 1 de enero

✓ **on February 2nd (on the second of February or on February the second)** = en el 2 de febrero

✓ **at the beginning of...** = a principios de...

✓ **July** = Julio

✓ **in mid-December** = a mediados de Diciembre

✓ **at the end of...** a finales de...

✓ **March** = marzo

✓ **by the end of June** = no más tarde del final de Junio

- ○ <u>**Años**</u>

✓ **1984 (nineteen eighty-four)** = 1984

✓ **2000 (the year two thousand")** = 2000

✓ **2005 (two thousand and five)** = 2005

✓ **2018 (twenty eighteen)** = 2018

✓ **in 2007 (in two thousand and seven)** = en el 2007

✓ **44 BC death of Julius Caesar =** en el año 44 antes de Cristo muerte de Julio César

✓ **79 AD or AD 79 eruption of Vesuvius** = en el año 79 después de Cristo erupción del Vesubio

- ○ <u>**Siglos**</u>

✓ **the 17th century ("the seventeenth century")** = el siglo 17

✓ **the 18th century ("the eighteenth century")** = el siglo 18

✓ **the 19th century ("the nineteenth century")** = el siglo 19

✓ **the 20th century ("the twentieth century")** = el siglo 20

✓ **the 21st century ("the twenty-first century")** = el siglo 21

- ○ <u>**Algunas fechas famosas**</u>

✓ **Battle of Hastings 1066** = Batallas de Hastings en 1066

- ✓ **US Declaration of Independence 1776** = Declaración de Independencia de los Estados Unidos 1776

- ✓ **Second World War 1939-1945** = Segunda Guerra Mundial 1939-1945

- ✓ **Fall of the Berlin Wall 1989** = Caída del Muro de Berlín 1989

- ✓ **London Olympics 2012** = Juegos Olímpicos de Londres 2012

El tiempo meteorológico

- ✓ **What's the weather like?** = ¿Qué tiempo hace?

- ✓ **It's...** = Está...

  - o **sunny** = soleado

  - o **hot** = cálido

  - o **windy** = ventoso

- ✓ **It's...** = está...

  - o **raining** = lloviendo

  - o **snowing** = nevando

  - o **pouring rain** = lloviendo muy fuerte

- ✓ **What a nice day!** = ¡Qué día tan bonito hace!

- ✓ **What a beautiful day!** = ¡Qué día tan hermoso!

- ✓ **It's not a very nice day.** = No hace muy buen día.

- ✓ **What a terrible day!** = ¡Hace un día terrible!

- ✓ **What miserable weather!** = ¡Qué tiempo tan malo!

- ✓ **It's starting to rain.** = Está empezando a llover.

- ✓ **It's stopped raining.** = Ha parado de llover.

- ✓ **It's raining cats and dogs.** = Están lloviendo chuzos de punta (literalmente: están lloviendo gatos y perros).

- ✓ **It's clearing up.** = Se está despejando.

- ✓ **It's supposed to clear up later.** = Se supone que se va a despejar en un rato.

- ✓ **The weather is fine.** Hace buen tiempo.

- ✓ **The sun is shining.** = Está luciendo el sol.

- ✓ **There's not a cloud in the sky.** = El cielo está completamente despejado.

- ✓ **The sky is overcast.** = El cielo está cubierto de nubes.

- ✓ **There's a strong wind.** = Hace un viento muy fuerte.

- ✓ **The wind has eased.** = El viento ha remitido.

- ✓ **The sun has come out.** = El sol ha salido.

- ✓ **The sun has just gone in.** = El sol justo se ha tapado por las nubes.

- ✓ **We had a lot of heavy rain this morning.** = Ha llovido muy fuerte esta mañana.

✓ **We haven't had any rain for a fortnight.** = No hemos tenido lluvia en dos semanas.

✓ **What's the temperature?** = ¿Qué temperatura hace?

✓ **It's 22°C (twenty-two degrees)** = Hace 22°C

✓ **What temperature do you think it is?** = ¿Qué temperatura crees que hace?

✓ **Temperatures are in the mid-20s.** = La temperatura está en torno a los 25 grados.

✓ **It's baking hot.** = Hace un calor horrible.

✓ **It's freezing.** = Está congelando.

✓ **It's freezing cold.** = Hace un frío de muerte.

✓ **It's below freezing.** = Hace menos cero.

✓ **What's the forecast?** = ¿Cuál es el parte meteorológico?

✓ **What's the forecast like?** = ¿Qué dice el parte meteorológico?

✓ **It's forecast to rain.** = Se preveen lluvias.

✓ **It's going to freeze tonight.** = Va a congelar esta noche.

✓ **It looks like it's going to rain.** = Parece que va a llover.

✓ **We're expecting a thunderstorm.** = Se espera una fuerte tormenta.

Frases de viajes

- ✓ **Where is the ticket office?** = ¿Dónde está la oficina de venta de billetes?

- ✓ **Where do I get the... to Southampton from?** = ¿desde dónde puedo coger el... a Southampton?

    - o **bus** = autobús

    - o **train** = tren

    - o **ferry** = barco

- ✓ **What time is the next... to Portsmouth?** = ¿a qué hora es el próximo... a Portsmouth?

- ✓ **This... has been cancelled.** = Este... ha sido cancelado.

- ✓ **This... has been delayed** = Este ... ha sido retrasado.

    - o **bus** = autobús

    - o **train** = tren

    - o **ferry** = barco

- ✓ **Do you get travel sickness?** = ¿te mareas cuándo viajas?

- ✓ **How long does the journey take?** = ¿cuánto dura el viaje?

- ✓ **What time do we arrive?** = ¿A qué hora llegamos?

- ✓ **Have a good journey!** = ¡Qué tengas un buen viaje!

✓ **Enjoy your trip!** = ¡Disfruta tu viaje!

Dar y preguntar direcciones

✓ **Excuse me, could you tell me how to get to ...?** = ¿Perdón, me podría decir cómo llegar a....?

- o **the bus station** = la estación de autobuses

- o **the airport** = el aeropuerto

✓ **Excuse me, do you know where the ... is?** = ¿Perdón, sabe usted dónde está ...?

- o **post office** = la oficina de correos

✓ **I'm sorry, I don't know.** = Lo siento, no lo sé.

✓ **Sorry, I'm not from around here** = Lo siento, no soy de por aquí.

✓ **I'm looking for...** = Estoy buscando...

- o **this address** = esta dirección

✓ **Take this road** = siga esta carretera

✓ **You go down there** = baje hacia allí

✓ **Take the first on the left** = tome la primera a la izquierda

✓ **Take the second exit at the roundabout** = tome la segunda salida de la glorieta

- ✓ **Continue straight ahead for about half a mile** = continúe recto durante una media milla (unos 800 metros)

- ✓ **Continue past the fire station** = continúe mas allá de la estación de bomberos

- ✓ **Turn right at the crossroads** = gire a la derecha en el cruce

- ✓ **You'll pass a big supermarket on your left** = pasará un gran supermercado a su izquierda

- ✓ **Keep going for another...** = siga igual durante ... más

  - o **hundred metres** = cien metros

  - o **two hundred yards doscientas yardas** = una yarda es aproximadamente 91cm

  - o **half mile media milla** = una milla es aproximadamente 1.6 kilómetros

- ✓ **It will be...** = lo encontrará ...

  - o **on your left** = su izquierda

  - o **on your right** = su derecha

  - o **straight ahead of you** = justo delante suya

- ✓ **How far is it?** = ¿a qué distancia está?

- ✓ **Is it far?** = ¿está lejos?

- ✓ **Is it a long way?** = ¿Es un largo camino?

- ✓ **It's not far.** = No, no está muy lejos.

✓ **It's quite a long way.** = Es un camino bastante largo.

✓ **It's a long way on foot.** = Es un camino largo a pie.

✓ **It's a long way to walk.** = Es un camino muy largo para ir caminando

✓ **How far is it ...?** = ¿a qué distancia está...?

✓ **How far is it to... from here?** = ¿a qué distancia está... de aquí?

✓ **Do you have a map?** = ¿Tiene usted un mapa?

✓ **Can you show me on the map?** = ¿me lo puede indicar en el mapa?

✓ **Follow the signs for...** = sigue las señales hacia...

    o   **the town centre** = el centro de la ciudad

    o   **Birmingham** = Birmingham

✓ **Continue straight on past some traffic lights** = continue recto tras pasar varios semáforos

✓ **At the second set of traffic lights, turn left** = en el segundo semáforo, gire a la izquierda

✓ **Go through the roundabout** = siga recto en la glorieta

✓ **Turn left at the intersection** = gire a la izquierda en la intersección

✓ **Go under the bridge** = vaya por debajo del puente

✓ **Go over the bridge** = vaya por encima del puente

✓ **You'll cross some railway lines** = cruzará algunas vías de ferrocarril

- ✓ **Are we on the right road for...?** = ¿Estamos en la carretera correcta para ir a...?

- ✓ **Is this the right way for...?** = ¿Es este el camino correcto para ir a...?

- ✓ **You're going in the wrong direction.** = Está yendo en la dirección equivocada.

- ✓ **You're going the wrong way.** = Está yendo por un camino equivocado.

Auto y motor

- ✓ **Can I park here?** = ¿puedo aparcar aquí?

- ✓ **Where's the nearest gas station?** = ¿dónde está la gasolinera más cercana?

- ✓ **How far is it to the next service station?** = ¿a qué distancia está la próxima estación de servicio?

- ✓ **Have you passed your driving test?** = ¿Tienes permiso de conducir?

- ✓ **You've left your lights on.** = te has dejado las luces encendidas

- ✓ **We've had an accident.** = hemos tenido un accidente

- ✓ **It wasn't my fault.**= no ha sido mi culpa

- ✓ <u>**En Una Gasolinera At a gas station**</u>

- ✓ **Can I check my tire pressures here?** = ¿Puedo mirar la presión de mis neumáticos aquí?

- ✓ **I'd like some engine oil.** = Me gustaría algo de aceite para el motor

✓ **It takes**... = Va a...

- ○ **gas** = gasolina

- ○ **diesel** = diesel

Problemas mecánicos

✓ **My car has broken down.** = Mi coche se ha averiado.

✓ **My car won't start.** = Mi coche no se enciende.

✓ **The battery is dead.** = La batería está vacía.

✓ **Do you have any jumper cables?** = ¿Tienes algunas pinzas para la batería?

✓ **I have a flat tire.** = Tengo un neumático desinflado.

✓ **I've got a puncture in my tire.** = He tenido un pinchazo.

✓ **The... isn't working.** = El... no funciona.

- ○ **speedometer** = velocímetro

- ○ **oil gauge** = indicador de aceite

- ○ **fuel gauge** = indicador de gasolina

✓ **The... aren't working.** = El... no funcionan.

- ○ **brake lights** = las luces de freno

- ○ **indicators** = los intermitentes

- ✓ here's something wrong with... = algo va mal con...

    - o **the engine** = el motor

    - o **the steering** = la dirección asistida

    - o **the brakes** = los frenos

- ✓ **The car is losing oil.** = El coche está perdiendo aceite.

- ✓ **We've run out of gas.** = Nos estamos quedando sin gasolina.

    - o **Tratando con la policía**

- ✓ **Could I see your driver's license?** = ¿Podría ver su carné de conducir?

- ✓ **Do you know how fast you were driving?** = ¿Sabe usted a qué velocidad iba conduciendo?

- ✓ **Have you had anything to drink?** = ¿Ha bebido usted algo?

- ✓ **Could you blow into this tube, please?** = ¿Podría soplar en este tubo, por favor?

Las señales de tráfico es posible que vea

- ✓ **Yield** = Ceda el paso

- ✓ **Stop** = Stop

- ✓ **No entry** = No pasar

- ✓ **One way** = Dirección única

- ✓ **Parking** = Aparcamiento

- ✓ **Free parking** = Aparcamiento gratuito

- ✓ **No parking** = No aparcar

- ✓ **Vehicles will be clamped** = Los vehículos serán inmovilizados con un cepo

- ✓ **No stopping** = No parar

- ✓ **Keep left** = Siga a la izquierda

  - ○ **Keep right** = Siga a la derecha

- ✓ **Get in lane** = Póngase a la fila

- ✓ **Slow down** = Aminore su velocidad

- ✓ **Detour** = Desvío

- ✓ **No passing** = Prohibido adelantar

- ✓ **Low bridge** = Puente bajo

- ✓ **Level crossing** = Paso a nivel

- ✓ **School** = Escuela

- ✓ **Bus lane** = Carril bus

- ✓ **No through road** = Calle cortada

- ✓ **Roadwork** = Carretera en obras

- ✓ **Temporary road surface** = Pavimentado temporal de carretera

- ✓ **Loose chippings** = Gravilla suelta

- ✓ **Soft shoulder** = Arcén no pavimentado

- ✓ **Sidewinds** = Viento lateral

- ✓ **Caution** = Precaución

- ✓ **Fog** = Niebla

- ✓ **Accident ahead** = Accidente más adelante

- ✓ **Queue ahead** = Retención más adelante

- ✓ **Queues after next junction** = Retenciones después del siguiente cruce

- ✓ **On tow** = A remolque

- ✓ **Services** = Área de servicio

- ✓ **Air** = Aire

- ✓ **Water** = Agua

- ✓ **Tiredness kills - take a break** = La fatiga mata, tome un descanso

- ✓ **Don't drink and drive** = No beba y conduzca

Alquilar un auto

- o **I'd like to hire a car** = Me gustaría alquilar un coche

- For how long? = ¿Durante cuánto tiempo?

- For how many days? = ¿Durante cuántos días?

- How much does it cost? = ¿Cuánto cuesta?

- $40 a day with unlimited mileage. = 40 dólares al día sin límite de kilometraje

- What type of car do you want - manual or automatic? = ¿Qué clase de coche desea, manual o automático?

- It's full at the moment. = Tiene el depósito lleno.

- You have to bring it back with a full tank. = Tiene que devolverlo con el depósito lleno.

- It has to be returned by 2pm on Saturday. = Tiene que devolverlo antes de las 2 de la tarde del sábado.

- Could I see your driver's license? = ¿Podría ver su carnet de conducir?

- I'll show you the controls. = Le enseñaré los controles.

- Where are the ...? = ¿Dónde están...?

- lights = las luces

- indicators = los intermitentes

- windshield wipers = los limpiaparabrisas

How do you open the ...? = ¿Cómo se abre el ...?

- gas tank = depósito de combustible

- trunk = maletero

- hood = capó del coche

Does it take gas or diesel? = ¿Es diesel o gasolina?

Is this car manual or automatic? = ¿Es un coche manual o automático?

Does this car have child locks? = ¿Lleva el coche equipados cinturones de seguridad para niños?

Remember to drive on the ... = Recuerde que debe conducir por la ...

- **left** = izquierda

- **right** = derecha

Does this car have ...? = ¿dispone el coche de ...?

- **air conditioning** = aire acondicionado

- **automatic locks** = cierre centralizado

- **a CD player** = reproductor de CDs

Viajar en Taxi

- <u>Pedir un Taxi</u>

- **Do you know where I can get a taxi?** = ¿Sabe usted dónde puedo coger un taxi?

- **Do you have a taxi number?** = ¿Tienes el número de una compañía de taxis?

- **I'd like a taxi, please.** = Me gustaría un taxi, por favor.

- **Sorry, there are none available at the moment.** = Lo siento, no hay ninguno disponible en estos momentos.

- **Where are you?** = ¿Dónde está usted?

- **What's the address?** = ¿Cuál es la dirección?

I'm ... = estoy ...

- **at the Metropolitan** = Hotel en el Hotel Metropolitan

- **at the train station** = en la estación de trenes

- **at the corner of Oxford Street and Tottenham Court Road** = en la esquina entre Oxford Street y Tottenham Court Road

Can you tell me your name, please? = ¿Me puede decir su nombre, por favor?

How long will I have to wait? = ¿Cuánto tiempo tengo que esperar?

How long will it be? = ¿Cuánto tiempo tardará?

- **quarter of an hour** = un cuarto de hora

- **about ten minutes** = unos diez minutos

It's on its way = Está de camino.

En el Taxi

Where would you like to go? = ¿Dónde quiere ir?

I'd like to go to ... = Me gustaría ir a ...

- o **Charing Cross station** = la estación de Charing Cross

Could you take me to ...? = ¿Me podría llevar a ...?

- o **the city centre** = el centro de la ciudad

How much would it cost to ...? = ¿Cuánto costaría un viaje a ...?

- o **Heathrow Airport** = el Aeropuerto de Heathrow

How much will it cost? = ¿Cuánto me costará?

Could we stop at an ATM? = ¿Podríamos parar en un cajero?

Is the meter on? = ¿Está el contador encendido?

Please switch the meter on. = Por favor, encienda el contador

How long will the journey take? = ¿Cuánto tiempo dura el viaje?

Do you mind if I open the window? = ¿Le importa si abro la ventanilla?

Do you mind if I close the window? = ¿Le importa si cierro la ventanilla?

Are we almost there? = ¿Hemos llegado ya?

How much is it? = ¿Cuánto es?

Do you have anything smaller? = ¿Tiene algún billete más pequeño?

That's fine, keep the change. = Está bien, quédese el cambio

Would you like a receipt? = ¿Desea un recibo?

Could I have a receipt, please? = ¿Me podría dar un recibo, por favor?

Could you pick me up here at ...? = ¿Me podría recoger aquí a las ...?

- o **six o'clock** = seis en punto

Could you wait for me here? = ¿Me puede esperar aquí?

Conclusión

Para terminar solo te animo a seguir aprendiendo este hermoso idioma, no importa como lo aprendas, cada uno tiene su propio proceso, algunos de nosotros aprendimos ingles desde pequeños, desde niños viendo algunas películas o aprendiendo canciones.

Aprender palabra por palabra es la mejor manera de memorizar el idioma inglés, para que cuando estes trabajando, de viaje, de visita a alguna ciudad, puedas reconocer estas palabras y te orientes con facilidad.

¡Te deseo todo el éxito del mundo y que aprendas inglés en poco tiempo!

Made in the USA
Las Vegas, NV
28 July 2023

75362376R00057